Cocina rápida

BLUME

Contenido

Diversidad infinita
Los ingredientes típicos

6

Paso a paso
Las técnicas culinarias más importantes

8

Ensaladas, entradas y sopas
Desde la ensalada de aguacate y tomate hasta la ensalada de invierno con naranjas y dátiles

10

Pasta, arroz y patatas
Desde el cuscús de hortalizas multicolor hasta los tallarines con salmón ahumado

34

Pescado y carne
Desde las gambas con arroz a la tailandesa hasta el solomillo de cerdo con hortalizas

56

Postres
Desde la ensalada asiática de frutas con hojas de almendro hasta el sorbete de cítricos al campari

78

Diversidad infinita
Los ingredientes típicos

Quien piense en comida rápida como en un equivalente de sopas preparadas y conservas está muy equivocado. Es posible preparar los platos más refinados en un tiempo mínimo con ingredientes frescos, un poco de fantasía y buena organización. Muchos alimentos son ideales para la cocina rápida, ya que requieren muy poca o ninguna preparación y apenas cocción. Por supuesto, no deben faltar un par de productos de la despensa. Entre los ingredientes básicos que nunca deben faltar en su casa y que tienen una larga duración encontramos la harina, el azúcar, las especias, el vinagre (vinagre de vino blanco y vinagre balsámico) y el aceite (aceite de oliva virgen y aceite de girasol). Puede ampliar este repertorio básico con otros elementos «imprescindibles» como arroz, pasta, caldo instantáneo (en polvo o en cubos), tomate frito y mostaza, además de tomates pelados enlatados y algunas conservas de pescado. Puede almacenar ajos, cebollas y patatas varias semanas. Utilice también las posibilidades que le da la nevera para conservar un surtido de verduras y pasta de hojaldre. Si sigue además los consejos que le damos en la página 8 para ahorrar tiempo, podrá alimentarse de una manera sana y además deliciosa, sin necesidad de permanecer largas horas en la cocina.

1

Las **ZANAHORIAS** (*izquierda*) son ricas en vitaminas y son una hortaliza muy apreciada para comer tanto cruda como cocinada.

1 Los **HUEVOS** se encuentran disponibles en toda Europa en cuatro clases de acuerdo a su peso. Compruebe la fecha de puesta y consérvelos siempre en la nevera (para evitar el riesgo de salmonela).

2 Los **PIMIENTOS** se encuentran disponibles todo el año en diversos colores. Los amarillos tienen un sabor suave, los rojos son más carnosos y los verdes resultan más finos.

3 Hay unas 200 variedades de **PATATAS**, que se distinguen por su grado de cocción: las que permanecen compactas tras la cocción son ideales para gratinar o preparar ensaladas; las medianas, para hacerlas fritas o peladas como acompañamiento, y las harinosas, para sopas o purés.

4 El **BRÉCOL** está disponible con rosetas violetas, blancas y amarillas. Es una ventaja su corto tiempo de cocción y su delicioso sabor.

5 Los **MELOCOTONES** son refrescantes, nutritivos, jugosos y aromáticos. Su pulpa oscila entre el blanco y el amarillo, y en algunas variedades incluso puede ser roja.

6 La **PASTA** (seca) es imprescindible en la cocina rápida gracias a su enorme variedad, larga caducidad y poco tiempo de cocción.

7 Hay **CREMA DE LECHE, YOGUR** y otros lácteos con distintos contenidos de grasa y varios sabores. Son básicos para realzar platos.

7

Los **FILETES DE PESCADO** de cualquier tipo, frescos o ultracongelados, se preparan con mucha rapidez y aportan variedad.

La **PECHUGA DE POLLO** y los **FILETES de CERDO** son los tipos de carne preferidos para la cocina rápida. Su tiempo de fritura es corto y basta sazonarlos un poco.

Las **HIERBAS** dan a los platos frescos, deshidratados o congelados el toque final. Son muy apreciados el perejil, el cebollino, la albahaca, el eneldo, la mejorana y el romero.

La **LECHUGA** se encuentra entera o en hojas y puede acompañar un plato o formar la base del mismo. Es muy aromática una mezcla de lechugas con hierbas frescas o silvestres.

El **ARROZ RÁPIDO** es imprescindible en la despensa de los amantes del arroz. Gracias a su proceso de fabricación requiere una cocción mínima y tiene un año de caducidad.

Los **ESPÁRRAGOS** son bajos en calorías. Los blancos crecen como brotes en los suelos arenosos y una vez cortados se tiñen de rosa a violeta por el calor. Los verdes crecen sobre el suelo y no hace falta pelarlos.

6

Paso a paso
Las técnicas culinarias más importantes

El único secreto de la cocina rápida es una buena organización. Quien sabe con precisión qué, quién y cómo deben hacerse las cosas, ahorra mucho tiempo y supera casi de forma automática el caos habitual. Por lo tanto, antes de comenzar a cocinar, lea la receta con atención y tenga preparados y al alcance de la mano todos los utensilios e ingredientes requeridos. Es, además, preferible trabajar siguiendo la receta. Piense si puede aprovechar el tiempo de la cocción de un plato para preparar el acompañamiento, una ensalada o una salsa. Para evitar los tiempos de espera innecesarios no olvide tampoco precalentar el horno o el grill. Los cocineros con experiencia tienen tiempo incluso de lavar los platos y utensilios, de manera que al finalizar la sesión, la cocina vuelve a estar reluciente. Cocinar rápidamente también implica dedicar poco tiempo a la preparación de los alimentos. Si utiliza los ingredientes correctos, esta tarea será sencilla. Además, la cocina rápida emplea métodos de cocción que implican poco tiempo, como freír, asar a la parrilla o saltear en el wok.

Cocer la pasta correctamente

1 Ponga a hervir aproximadamente 1 l de agua a fuego vivo por cada 100 g de pasta en una cacerola grande tapada.

2 Añada 1 cucharada ligeramente colmada de sal por cada litro de agua una vez que esté hirviendo y vierta la pasta.

3 Remueva la pasta de vez en cuando durante la cocción para que no se pegue al fondo o entre sí.

4 Respete los tiempos de cocción indicados por el fabricante y compruebe regularmente la cocción.

5 En cuanto la pasta esté al dente, viértala en un colador grande y déjela escurrir brevemente.

6 Mezcle la pasta inmediatamente con la salsa previamente preparada o, si la usa como acompañamiento, añádale mantequilla y mézclela ligeramente.

Cocinar *risotto*

1 Caliente el aceite a fuego moderado y sofría el ajo y la cebolla picados.

2 Añada el *risotto* pesado y sofríalo sin dejar de remover de 2 a 3 minutos.

3 Añada la mitad del líquido previamente preparado, sazone con sal y pimienta y remueva la preparación.

4 Vierta el líquido restante poco a poco. Cuando esté a punto de finalizar la cocción, añada los ingredientes requeridos y termine de cocinar.

Preparar pimientos

1 Corte el pimiento por la mitad a lo largo. Elimine el tallo, las semillas y las membranas interiores.

2 Lave las mitades de pimiento, séquelas y córtelas a cuartos, tiras o dados según la receta.

Preparar rollitos de carne

1 Corte la carne a filetes. Séquelos con papel de cocina y aplánelos ligeramente.

2 Sazone con sal y pimienta y cúbralos con el relleno. Deje libre un pequeño borde.

3 Enrolle los filetes individualmente y sujételos con un palillo de madera.

4 Dore los rollitos de carne en aceite a fuego vivo. Asegúrese de que quedan uniformes y finalice la preparación según indica la receta.

Ensaladas, entradas y sopas

Ensalada de invierno
con naranjas y dátiles

Aquí se mezcla todo lo que la temporada ofrece en la época más fría del año: jugosas naranjas, dulces dátiles, crujientes nueces y aromático hinojo.

Ingredientes

2 **endibias** medianas

100 g de **hierba de los canónigos**

1 **hinojo** pequeño

2 **naranjas**

6 **dátiles**

1 **aguacate** pequeño

2 cucharadas de

vinagre

de vino tinto

sal

pimienta recién molida

2 cucharadas de **aceite de oliva**

2 cucharadas de **aceite**

de avellana

2 cucharadas de **avellanas**

fileteadas

Tiempo de preparación:
➧ **20 minutos**

Preparación
PARA 4 PERSONAS

1 Separe las hojas de endibia del tronco, lávelas a fondo rápidamente en agua fría y déjelas escurrir. Limpie la hierba de los canónigos, lávela en agua fría y sacúdala para eliminar el exceso de agua.

2 Prepare y lave el hinojo, y reserve las hojas más finas. Córtelo a lo largo a lonchas finas.

3 Pele las naranjas de modo que elimine totalmente la membrana blanca, y separe también las pieles entre los gajos.

4 Corte los dátiles por la mitad, deshuéselos y córtelos a cuartos. Corte el aguacate, deshuéselo y pélelo. Corte la pulpa a gajos finos.

5 Para el aderezo, mezcle el vinagre de vino, la sal y la pimienta. Con la ayuda de la batidora manual, incorpore poco a poco ambos tipos de aceite.

6 Ponga las hojas de endibia y de hierba de los canónigos en una fuente grande y mézclas con el hinojo, los gajos de naranja, los dátiles y el aguacate. Añada las avellanas y las hojas de hinojo y mézclelo todo con el aderezo.

Ensalada variada
con gambas

Esta ensalada nos recuerda al mar: mezclamos una gran variedad de frescas
y crujientes lechugas con deliciosas gambas y las combinamos con un aliño picante.

Ingredientes

1 manojo de **roqueta** (rúcula)

½ **lechuga** romana

hojas de **endibia** roja

2 **cebollas** tiernas

4 **tallos de apio**

8 **gambas** (hervidas)

1 **chile** rojo

2 cucharadas de **vinagre**

de vino blanco

sal · pimienta recién molida

5 cucharadas de **aceite de oliva**

hojas y **flores de salvia**

Tiempo de preparación:
▸▸ **20 minutos**

Preparación
PARA 4 PERSONAS

1 Limpie la roqueta. Separe las hojas de la lechuga romana y de la
endibia roja del tronco y lávelas a fondo rápidamente junto con
la roqueta en abundante agua fría. Sacuda las hojas para eliminar
el exceso de agua y córtelas a trozos del tamaño de un bocado.

2 Prepare y lave las cebollas tiernas. Córtelas por la mitad a lo largo
y después, según la longitud, otra vez por la mitad o a cuartos.
Lave el apio, pero utilice únicamente los extremos de las hojas.

3 Enjuague las gambas con agua fría y séquelas. Corte el chile por
la mitad a lo largo, elimine las semillas, lávelo y córtelo a dados
pequeños.

4 Para el aliño, mezcle el vinagre de vino blanco con el chile, la sal
y la pimienta con una batidora de varillas. Incorpore el aceite
poco a poco. Rectifique la condimentación si fuese necesario.

5 Mezcle en un cuenco las hojas de ensalada, las gambas y el aliño.
Adórnelo todo con las hojas y flores de salvia.

La lechuga romana crujiente y carnosa
se encuentra disponible todo el año,
ya sea proveniente del campo o de los
invernaderos en las épocas más frías.

Panzanella
a la albahaca

Preparación
PARA 4 PERSONAS

1 Si lo desea, elimine la corteza del pan. Córtelo en rebanadas gruesas y rocíelo con una mezcla de vinagre y 200 ml de agua. Déjelo en remojo, exprímalo, pártalo en trozos del tamaño de un bocado y viértalo en un cuenco.

2 Lave los tomates, trocéelos y elimine los pedúnculos. Pele el pepino, córtelo a cuartos longitudinales y luego a dados pequeños.

3 Mezcle ligeramente las hortalizas preparadas con el pan y las alcaparras. Pele los dientes de ajo, mójelos con la sal, la pimienta y mezcle con el aceite. Vierta el aliño sobre la ensalada y mezcle bien. Resérvelo en un lugar frío.

4 Antes de servir, lave la albahaca y séquela. Separe las hojas de los tallos, córtelas a tiras finas y espolvoréelas sobre la ensalada.

16

Ingredientes

400 g de **pan de payés** o **campesino** de la vigilia

2-3 cucharadas de **vinagre de vino tinto**

4 **tomates**

1 **pepino** pequeño

2 cucharaditas de **alcaparras**

2 dientes de **ajo**

sal · **pimienta** recién molida

6 cucharadas de **aceite de oliva**

½ manojo de **albahaca**

Tiempo de preparación:
▸▸ **20 minutos**

Ingredientes

4 **tomates**

1 **pimiento** rojo

1 **chile** rojo

1 **cebolla**

1 diente de **ajo**

sal · **pimienta** recién molida

zumo de 1 limón

4 cucharadas de **aceite de oliva**

2 **aguacates** maduros

1 cucharada de **cilantro** picado

Tiempo de preparación:
➻ **20 minutos**

Ensalada de aguacate
y tomate

Preparación
PARA 4 PERSONAS

1 Prepare y lave los tomates y el pimiento. Corte los tomates a rodajas finas. Corte el pimiento en dados pequeños.

2 Corte el chile por la mitad a lo largo, elimine las semillas y lávelo. Pele la cebolla y píquela con el chile finamente.

3 Pele el diente de ajo. Aplástelo con la sal y mézclelo con la pimienta, el zumo de limón y el aceite hasta obtener una crema.

4 Divida los aguacates por la mitad, deshuéselos y pélelos. Corte la pulpa transversalmente a lonchas finas.

5 Disponga las lonchas de aguacate y rodajas de tomate de forma alternada y ligeramente solapadas sobre una fuente. Esparza por encima el pimiento, la cebolla y el chile picados y rocíe con el aliño. Decore con el cilantro picado.

Ensalada de hierbas silvestres
con fresas

El secreto está en la mezcla: el sabor amargo de las hierbas y el dulzor
afrutado de la fresa confieren a esta ensalada una nota especial.

Ingredientes

300 g de **hierbas silvestres**

variadas (por ejemplo diente

de león, berros, roqueta,

flores de capuchina)

6 **cebollas tiernas**

1 puñado de **mezcla de brotes**

(soja o alfalfa, por ejemplo)

200 g de **fresas**

½ cucharadita de **néctar**

de manzana

1 cucharada de **vinagre balsámico**

1 cucharada de **zumo de naranja**

sal · pimienta recién molida

4 cucharadas de **aceite de oliva**

2 cucharadas de **piñones**

Tiempo de preparación:
▸▸ 20 minutos

Preparación
PARA 4 PERSONAS

1 Prepare las hierbas y lávelas a fondo rápidamente en abundante
agua fría. Centrifúguelas y pártalas a trozos del tamaño de un
bocado.

2 Prepare y lave las cebollas tiernas y cuartéelas longitudinalmente.
Vierta agua hirviendo sobre los brotes en un colador y déjelos
escurrir.

3 Prepare y lave las fresas. Déjelas escurrir brevemente y córtelas
por la mitad.

4 Para el aliño, mezcle el néctar de manzana, el vinagre balsámico,
el zumo de naranja, la sal y la pimienta. Añada el aceite poco
a poco sin dejar de mezclar con la batidora de varillas y,
si lo desea, rectifique la condimentación.

5 Tueste los piñones en una sartén sin grasa hasta que estén
dorados. Mezcle en un cuenco grande las hierbas, las cebollas
tiernas, las fresas y los piñones. Mezcle la ensalada con el aliño.

**Cuando compre hierbas «silvestres» es preferible que
sean tiernas y frescas, ya que su sabor es más agradable.
Por ello es recomendable preparar esta receta en
primavera. Un acompañamiento ideal para esta ensalada
son unas rodajas de queso de cabra rebozado.**

Tortillas
de queso y aceitunas

Preparación
PARA 4 PERSONAS

1 Corte el queso de oveja en dados pequeños. Lave los tomates, córtelos a octavos y elimine los pedúnculos. Corte las aceitunas por la mitad.

2 Pele el pepino y las cebollas y córtelos a rodajas y en anillos finos, respectivamente.

3 Mezcle el queso de oveja, los tomates, los pepinos y las cebollas con las aceitunas.

4 Espolvoree cada tortilla con unos 50 g de queso rallado, dóblelas por la mitad y caliéntelas en una sartén sin aceite.

5 Cuando las tortillas estén calientes, ábralas y rellénelas con la mezcla de queso y hortalizas. Vuelva a cerrar las tortillas y sírvalas. Sazónelas con sal, pimienta y salsa de chile.

Ingredientes

150 g de **queso de oveja** (feta)

2 **tomates** · 8 **aceitunas negras** (deshuesadas)

½ **pepino** · 2 **cebollas** pequeñas

4 **tortillas** de harina de trigo

(producto preparado)

200 g de **queso manchego seco**

o **parmesano rallado**

sal · **pimienta** recién molida

salsa de chile

Tiempo de preparación:
▸▸ **20 minutos**

Ingredientes

250 g de **espinacas** jóvenes

1 **cebolla**

2 **dientes de ajo**

50 g de **tocino ahumado** entreverado

1 cucharada de **aceite**

sal · pimienta recién molida

4 **tortillas** de harina de trigo

(producto preparado)

200 g de **queso manchego seco**

o **parmesano rallado**

Tiempo de preparación:
↠ 20 minutos

Tortillas
de espinacas y tocino

Preparación

PARA 4 PERSONAS

1 Prepare las espinacas y lávelas a fondo rápidamente en abundante agua fría; déjelas escurrir.

2 Pele la cebolla y los dientes de ajo y píquelos finamente.

3 Corte el tocino a dados. Caliente el aceite en una sartén y sofría los dados de cebolla, ajo y tocino hasta que estén transparentes.

4 Añada las espinacas y sofríalas a fuego vivo hasta que todo el líquido se evapore. Sazone con sal y pimienta.

5 Espolvoree cada tortilla con unos 50 g de queso rallado, dóblelas por la mitad y caliéntelas en una sartén sin aceite. Abra las tortillas calientes y rellénelas con las espinacas. Vuélvalas a cerrar y sírvalas inmediatamente.

Hamburguesa
con tomate y roqueta

Muy fácil de preparar e inigualablemente deliciosa:
esta hamburguesa doble hecha en casa no será sólo la favorita de los niños.

Ingredientes

1 panecillo de la vigilia

6 cucharadas de leche tibia

400 g de carne picada

1 huevo · 1 diente de ajo

sal · pimienta recién molida

½ cucharadita de comino

3 cucharadas de aceite

4 panecillos grandes

4 tostadas de pan

mayonesa

algunas hojas de lechuga bonitas

2 tomates grandes

½ pepino

Tiempo de preparación:
▸▸ 25 minutos

Preparación

PARA 4 PERSONAS

1 Corte el panecillo de la vigilia a trozos pequeños y rocíelo con la leche tibia. Amáselo en un cuenco con la carne picada, el huevo y el diente de ajo picado. Sazónelo con sal, pimienta y comino.

2 Caliente el aceite en una sartén. Forme 8 hamburguesas con las manos humedecidas y dórelas a fuego moderado por ambas caras. Luego déjelas freír 10 minutos más a fuego lento.

3 Mientras tanto, abra los panecillos y unte las caras internas, así como las tostadas con mayonesa. Lave las hojas de lechuga y séquelas. Lave los tomates, córtelos a rodajas y elimine los pedúnculos. Pele el pepino y córtelo a rodajas finas.

4 Monte las hamburguesas: coloque una hoja de lechuga y una hamburguesa sobre la base del panecillo, disponga encima 2 rodajas de tomate y algunas de pepino. Ponga encima una tostada y vuelva a cubrirla como la base del panecillo. Finalmente coloque la parte superior del panecillo y presione ligeramente toda la hamburguesa.

Los amantes del pescado y aquellos que tienen muchísima prisa pueden rellenar la hamburguesa con filetes de pescado fritos o con salmón ahumado. En dicho caso, sustituya el pepino por pepinillos encurtidos.

Tacos de tortilla
rellenos de setas y roqueta

Envueltos de la mejor manera: la fresca roqueta, las manzanas agridulces y las setas desarrollan su mejor aroma en una envoltura de tortilla.

Ingredientes

80 g de **harina** · **sal**

2 cucharadas de **aceite de oliva**

3 cucharadas de **aceite**

1 manojo de **roqueta** (rúcula)

1 **manzana**

3 cucharadas de **crema acidificada**

2 cucharadas de **zumo de limón**

1 **diente de ajo**

pimienta recién molida

1 pizca de **pimienta de Cayena**

200 g de **champiñones**

Tiempo de preparación:
▸▸ **30 minutos**

Preparación
PARA 2 PERSONAS

1 Para las tortillas, mezcle la harina con una pizca de sal en un cuenco, añada 5 cucharadas de agua hirviendo sin dejar de remover y, a continuación, el aceite de oliva. Amase hasta obtener una masa homogénea y déjela reposar 15 minutos. Divida la masa en 4 porciones del mismo tamaño y extiéndala sobre la superficie de trabajo enharinada hasta formar un círculo de unos 15 cm de diámetro.

2 Dore cada tortilla en una sartén con ½ cucharadita de aceite durante 1 minuto por lado, o hasta que aparezcan unas manchitas marrones sobre la superficie. Sáquelas de la sartén y resérvelas al calor.

3 Prepare la roqueta, lávela y séquela. Lave la manzana, córtela por la mitad, elimine las semillas y córtela en trozos pequeños.

4 Mezcle la crema acidificada con 1 cucharada de zumo de limón, el ajo picado y sazone con sal, pimienta y pimienta de Cayena.

5 Limpie las setas y córtelas a rodajas. Caliente el aceite restante en una sartén y sofría las setas unos 3 minutos. Rocíelas con el zumo de limón restante y sazónelas con sal y pimienta.

6 Cubra las tortillas calientes con la mezcla de crema, reparta encima la roqueta, los trozos de manzana y los de setas. Enróllelas y córtelas en diagonal.

7 Distribuya la roqueta y la manzana restante sobre los platos y disponga encima las tortillas. Si lo desea, adorne con gajos de lima.

Sándwich de atún,
alcaparras y tomate

Preparación
PARA 2 PERSONAS

1 Deje escurrir el atún y desmíguelo con un tenedor.

2 Pique las alcaparras y mézclelas con el atún, la crema acidificada y el zumo de limón. Pele el diente de ajo, píquelo y sazónelo con sal y pimienta.

3 Lave las hojas de lechuga, escúrralas y córtelas a trozos del tamaño de un bocado. Lave el tomate, elimine el pedúnculo y córtelo a rodajas finas.

4 Sazone los tomates al gusto. Repártalos sobre 2 rebanadas de pan blanco o tostadas y cúbralos con la crema de atún, alcaparras y crema.

5 Reparta por encima las hojas de lechuga y las rebanadas de pan restantes. Corte los sándwiches en diagonal antes de servirlos.

26

Ingredientes

1 lata de **atún en aceite** (peso escurrido 150 g)

1 cucharada de **alcaparras**

3 cucharadas de **crema acidificada**

1 cucharada de **zumo de limón**

1 **diente de ajo**

sal · pimienta recién molida

algunas hojas de **lechuga** bonitas

1 **tomate** grande

4 **rebanadas de pan blanco** o **tostadas**

Tiempo de preparación:
▸▸ **15 minutos**

Ingredientes

12 **rebanadas de pan blanco** o **tostadas**

2 filetes de **pechuga de pollo** fritos

hojas de **endibia**

2 **tomates**

8 lonchas de **tocino ahumado**

4 cucharadas de **mayonesa**

Tiempo de preparación:
▸▸ **20 minutos**

Sándwich de pollo
y tocino

Preparación
PARA 4 PERSONAS

1 Tueste el pan en la tostadora. Corte los filetes de pechuga de pollo a lonchas y repártalas sobre 4 rebanadas de pan.

2 Lave las hojas de lechuga, sacúdalas y córtelas a trozos del tamaño de un bocado. Repártalas sobre el pollo y cúbralas con la mitad de la mayonesa. Luego cúbralas con una segunda rebanada de pan.

3 Lave los tomates, elimine los pedúnculos y córtelos a rodajas. Cubra la segunda rebanada de pan con la mayonesa restante y reparta las rodajas de tomate.

4 Fría el tocino en una sartén sin grasa, repártalo sobre el tomate y cubra con la última rebanada de pan. Corte los sándwiches en diagonal. Sujételos con un palillo y sírvalos.

Sopa de hortalizas oriental
con fideos al huevo

Cada cucharada le llenará de bienestar: los delicados condimentos asiáticos
prepararán su paladar para otros platos magníficos.

Ingredientes

100 g de **fideos al huevo** chinos

sal · 3/4 de l de **caldo de pollo**

2 **tallos de hierba limonera**

2 **chiles** rojos

3 **cebollas tiernas**

2 **zanahorias** pequeñas

1 puñado de hojas de **espinaca**

4 rodajas finas de **jengibre**

1 cucharada de **salsa de pescado**

vietnamita o tailandesa

Tiempo de preparación:
▸▸ 30 minutos

Preparación
PARA 4 PERSONAS

1 Sumerja los fideos en abundante agua salada hirviendo, espere
a que vuelva a hervir y sepárelos con ayuda de unos palillos.
Retire el recipiente del fuego y déjelos reposar de 4 a 5 minutos.
Escúrralos, enjuáguelos con agua fría y déjelos escurrir.

2 Ponga a hervir el caldo. Retire las capas externas de la hierba
limonera y píquela finamente. Corte los chiles a lo largo,
elimine las semillas, lávelos y córtelos a tiras finas. Prepare y lave
las cebollas tiernas. Corte la parte verde a tiras y la blanca a
rodajas finas.

3 Pele las zanahorias y córtelas a rodajas oblicuas. Prepare las
espinacas, lávelas y elimine los tallos gruesos. Corte el jengibre
a tiras finas y añádalas al caldo junto con el resto de las hortalizas.

4 Sazone la sopa con la salsa de pescado y déjela hervir de 6 a
8 minutos. Añada los fideos al huevo bien escurridos y caliéntelos
brevemente. Reparta la sopa en cuencos o platos soperos.

**Esta sopa permite una variante muy
sencilla: añada unos 150 g de gambas crudas
y peladas a las hortalizas al hervirlas. Al
preparar la hierba limonera, pele las hojas
externas y utilice la parte blanca inferior.**

Minestrone
con arroz y parmesano

Preparación
PARA 2 PERSONAS

1 Pele las patatas y las zanahorias. Raspe y lave el apio. Pele la cebolla y el ajo y píquelos. Ralle el parmesano.

2 Corte las patatas a dados, corte las zanahorias a lo largo y luego transversalmente a rodajas finas. Corte las hojas del apio a tiras finas y los tallos a rodajas.

3 Caliente el aceite a fuego moderado. Sofría las cebollas, el ajo y las hortalizas y sazone con sal y pimienta.

4 Añada el tomate frito y sofríalo brevemente. Vierta el vino blanco y los tomates enlatados con su jugo, y rómpalos con una cuchara de madera. Vierta el caldo de verdura y el orégano y llévelo todo a ebullición.

5 Agregue el arroz de cocción rápida y hiérvalo unos 8 minutos. Sazone la sopa con el vinagre balsámico, una pizca de azúcar, la sal y la pimienta y espolvoree la preparación con el parmesano y las hojas del apio.

Ingredientes

120 g de **patatas** · 120 g de **zanahorias**

60 g de **apio** · 1 **cebolla** · 1 **diente de ajo**

40 g de **queso parmesano** (en trozo)

1 cucharada de **aceite** · **sal** · **pimienta**

1 cucharada de **tomate frito** · 200 ml de **vino**

blanco · 240 g de **tomates** pelados

400 ml de **caldo vegetal** · **orégano**

50 g de **arroz** de cocción rápida

vinagre balsámico · **azúcar**

Tiempo de preparación:
▸▸ 30 minutos

Ingredientes

400 g de filetes de **pechuga de pollo**

sal · **pimienta** recién molida

5 cucharadas de **aceite de oliva**

150 g de **cebolla**

3 **dientes de ajo** · 1 **chile** rojo

5 **aguacates** maduros

zumo de 2 **limones**

1 ¼ l de **caldo de pollo**

½ manojo de **cilantro**

½ cucharadita de **comino**

Tiempo de preparación:
▸▸ 30 minutos

Sopa de guacamole
con pollo

Preparación
PARA 4–6 PERSONAS

1 Trocee la carne, sazónela, dórela en una sartén con una cucharada de aceite y resérvela al calor.

2 Pele las cebollas y córtelas a rodajas. Caliente el aceite restante y sofría las cebollas hasta que estén transparentes. Pele y pique el ajo y añádalo. Elimine las semillas del chile, lávelo, pique finamente una mitad y corte la otra en aros. Añada el chile picado a las cebollas y sofría el conjunto unos 5 minutos.

3 Deshuese los aguacates, pélelos y trocéelos. Rocíelos con una parte del zumo de limón. Vierta el caldo sobre las cebollas. Agregue los aguacates y el resto del zumo.

4 Lave el cilantro y sacúdalo para eliminar el exceso de agua. Añádalo a la sopa y prosiga la cocción unos 4 minutos. Sazónela con comino, retírela del fuego, pásela por el pasapurés y añada sal y pimienta. Sirva la sopa con los trozos de pechuga y los aros de chile.

Puré de verduras
a las hierbas

Sírvalo como entrada para un menú exquisito o como tentempié
entre comidas: este cremoso puré encantará a los sibaritas.

Ingredientes

500 g de **hortalizas** variadas

(zanahorias, colinabo, guisantes,

puerro, brécol o coliflor)

1 **patata** mediana

2 cucharadas de **aceite**

¾ de l de **caldo de carne**

sal · **pimienta** recién molida

125 g de **crema de leche** o

1-2 cucharadas de **crema acificada**

perejil recién picado o una

mezcla de **hierbas**

Tiempo de preparación:
» **30 minutos**

Preparación
PARA 4 PERSONAS

1 Prepare y lave las verduras, pélelas si fuese necesario y córtelas
a trocitos. Lave y pele la patata y córtela en trozos grandes.

2 Caliente el aceite en una cacerola y sofría las verduras y la
patata. Vierta la mitad del caldo, añada sal y pimienta y llévelo
todo a ebullición. Déjelo cocer con el recipiente tapado y a fuego
moderado de 15 a 20 minutos.

3 Reduzca las verduras a puré con la batidora eléctrica. Mezcle
el puré con los líquidos restantes –o si lo desea, con más–
y rectifique el punto de sal y pimienta.

4 La crema quedará especialmente fina si la tamiza y vuelve a batirla
con la batidora. Mézclela con la crema de leche o la crema
adicificada y si lo desea adórnela con perejil o hierbas frescas.

**Emplee una patata harinosa para mejorar
la textura de la sopa. En lugar de
agregarle la crema puede utilizar
2 cucharadas de mantequilla.**

Pasta, arroz
y patatas

Pasta a las hierbas
con ajo

Especiada y de muy rápida preparación: los amantes de la pasta,
y a quienes también les gusten las hierbas, quedarán encantados con ella.

Ingredientes

1 manojo de **albahaca** y otro

de **eneldo**

½ manojo de **perejil**

y ½ de **cebollino**

500 g de **conchas**

sal

8 cucharadas de **aceite de oliva**

3 **dientes de ajo**

100 g de **queso parmesano**

recién rallado

Tiempo de preparación:
▸▸ **20 minutos**

Preparación
PARA 4 PERSONAS

1 Lave y centrifugue las hierbas. Separe las hojas de los tallos
y píquelas lo más finamente posible.

2 Hierva la pasta en abundante agua salada, según las instrucciones
del fabricante, hasta que estén al dente. Escúrralas en un colador.

3 Mientras tanto, caliente el aceite a fuego moderado en una
cacerola. Pele el ajo y píquelo finamente. Añada las hierbas y
dórelas. Reduzca el fuego y no deje de removerlas para que no
se quemen.

4 Añada la pasta escurrida, caliéntela brevemente, viértala en un
cuenco precalentado y espolvoréela con el parmesano. Adorne
la pasta, si lo desea, con flores y hojas de capuchina.

**Una ensalada de lechuga es ideal como
acompañamiento. Si quiere preparar este
plato aún más deprisa, puede mezclar
la pasta con pesto en conserva o con
hierbas congeladas.**

Linguine
con crema de brécoles y pistachos

Pasta con una salsa de toques exóticos: los brécoles y los pistachos no sólo son una pareja perfecta en lo que al color concierne, sino que sus sabores armonizan maravillosamente.

Ingredientes

500 g de **brécoles** · **sal**

1 **escalonia**

2 cucharadas de **aceite de oliva**

400 ml de **caldo de verdura**

150 g de **crema acidificada**

50 g de **pistachos** picados

pimienta recién molida

1 cucharada de **zumo de limón**

2 cucharadas de **alcaparras**

400 g de *linguine* **verdes**

o **espaguetis**

2 cucharadas de **pistachos**

groseramente picados

Tiempo de preparación:
▶▶ **30 minutos**

Preparación
PARA 4 PERSONAS

1 Divida el brécol en ramitos, lávelos y cuézalos en agua salada hirviendo unos 4 minutos. Escúrralos en un colador, enjuáguelos inmediatamente con agua helada y déjelos escurrir de nuevo.

2 Pele la escalonia y píquela. Caliente el aceite a fuego moderado y sofría la escalonia hasta que esté transparente. Pique una cuarta parte de los ramitos de brécol y añádalos a las escalonias.

3 Vierta el caldo de verduras y la crema acidificada, agregue los pistachos picados y llévelo a ebullición. Retírelo del fuego y redúzcalo a puré. Sazone la salsa con sal, pimienta y zumo de limón. Añádale los brécoles restantes y la mitad de las alcaparras y caliente la salsa lentamente.

4 Hierva los *linguine* en abundante agua salada según las instrucciones del fabricante hasta que estén al dente, y escúrralos en un colador. Mézclelos con la salsa, dispóngalos sobre platos precalentados y decore con las alcaparras y los pistachos groseramente picados.

La salsa de almendras también es un complemento ideal para los brécoles: para ello, sustituya los pistachos por la misma cantidad de almendras tostadas y al final decore con almendras fileteadas tostadas.

Fettucine
con almejas

Preparación

1 Escalde los tomates, pélelos y cuartéelos, elimine las semillas y corte la pulpa a dados. Limpie las almejas bajo el agua corriente, y tire las que ya estén abiertas. Ponga las almejas con el vino en una cacerola y déjelas abrir a fuego lento y tapadas 8 minutos o hasta que se abran.

2 Pele la cebolla y el ajo y píquelos finamente. Escurra las almejas del caldo y tire todas las que no se hayan abierto.

3 Caliente el aceite. Sofría la cebolla y el ajo y añada el caldo de las almejas. Agregue los dados de tomate y deje hervir la salsa 10 minutos.

4 Hierva los *fettucine* en abundante agua salada hasta que estén al dente. Sazone la salsa de tomate con sal y pimienta. Lave y sacuda el perejil, pique las hojas finamente y añádalas a la salsa. Agréguele también las almejas, tape la cacerola y vuelva a hervirla. Escurra la pasta y mézclela inmediatamente con la salsa.

40

Ingredientes

2 **tomates** grandes

300 g de **almejas** muy frescas

⅛ de l de **vino** blanco

1 **cebolla**

2 **dientes de ajo**

2 cucharadas de **aceite de oliva**

200 g de *fettucine*

sal · pimienta recién molida

½ manojo de **perejil**

Tiempo de preparación:
▸▸ **30 minutos**

Ingredientes

400 g de **tallarines** negros

sal

500 g de **crema de leche** espesa

40 ml de **vermut** blanco y seco

3 tallos de **eneldo**

pimienta de Cayena

pimienta recién molida

400 g de **salmón ahumado**

Tiempo de preparación:
▸▸ **30 minutos**

Tallarines
con salmón ahumado

Preparación
PARA 4 PERSONAS

1 Hierva los tallarines en abundante agua salada según las instrucciones del fabricante hasta que estén al dente.

2 Mientras tanto, mezcle y hierva en un cazo pequeño la crema de leche, el vermut y una rama de eneldo. Retire el eneldo y sazone la salsa con sal, pimienta de Cayena y pimienta.

3 Corte el salmón a tiras y mézclelo con el eneldo restante finamente picado y la salsa.

4 Escurra los tallarines en un colador y vuélquelos en una fuente precalentada. Mézclelos con la salsa de salmón y crema y sírvalos inmediatamente.

Espaguetis
con salsa de pimientos

Especiado y con un toque especial: los pimientos amarillos le imparten su delicado aroma a una salsa coronada por los tomates acariciados por el sol.

Ingredientes

400 g de **espaguetis**

sal

2 **pimientos** amarillos

2 **escalonias**

2 **dientes de ajo**

3 cucharadas de **aceite de oliva**

pimienta recién molida

400 g de **puré de tomate** enlatado

Tiempo de preparación:
▸▸ 20 minutos

Preparación
PARA 4 PERSONAS

1 Hierva los espaguetis en abundante agua salada según las instrucciones del fabricante hasta que estén al dente. Escúrralos en un colador.

2 Mientras tanto, corte los pimientos por la mitad a lo largo, elimine las semillas y lávelos. Corte los pimientos a dados pequeños. Pele las escalonias y el ajo, y píquelos finamente.

3 Caliente el aceite en una cacerola y sofría los dados de pimiento, las escalonias y el ajo durante unos 4 minutos, y sazone con sal y pimienta. Añada el puré de tomate y déjelo cocer con el recipiente tapado unos 10 minutos. Retire el recipiente del fuego y rectifique la condimentación.

4 Mezcle la salsa de pimientos con los espaguetis escurridos y sírvalos. Si lo desea, acompáñelos con parmesano rallado.

Si dispone de tiempo, puede utilizar tomates frescos en lugar de enlatados. En este caso, escáldelos, pélelos, elimine las semillas y trocéelos.

Orecchiette
con roqueta y queso

Preparación
PARA 2 PERSONAS

1 Cueza la pasta en abundante agua salada hirviendo, según las instrucciones del fabricante hasta que esté al dente. Escúrrala en un colador.

2 Mientras tanto limpie la roqueta, lávela, escúrrala y trocéela. Pele las cebollas y córtelas en gajos finos.

3 Pele los dientes de ajo, píquelos finamente y sofríalos en aceite hasta que estén transparentes.

4 Añádales las cebollas y sofríalas unos minutos; incorpore dos terceras partes de la roqueta y sofríala brevemente. Incluya el queso ricotta y deje cocer la salsa a fuego vivo.

5 Ralle el queso scamorza. Mezcle la pasta escurrida con la salsa de roqueta y cebolla. Esparza el resto de roqueta y queso sobre la pasta y espolvoréela con pimienta recién molida.

44

Ingredientes

400 g de *orecchiette* o caracolas · **sal**

1 manojo de **roqueta** (rúcula)

2 **cebollas** rojas

1 **diente de ajo**

3 cucharadas de **aceite de oliva**

100 g de **queso ricotta** o **requesón cremoso**

100 g de **queso scamorza** (mozzarella ahumada) o **idiazábal**

pimienta recién molida

Tiempo de preparación:
▸▸ **25 minutos**

Ingredientes

400 g de **macarrones** rayados · **sal**

1 **berenjena** mediana

4 cucharadas de **aceite de oliva**

pimienta recién molida

2 **dientes de ajo**

1 **chile** rojo

150 g de **tomates** picados (enlatados)

2 cucharadas de **albahaca** cortada

a tiras finas

50 g de virutas de **queso parmesano**

Tiempo de preparación:
➤➤ **20 minutos**

Macarrones
con berenjena

Preparación
PARA 4 PERSONAS

1 Hierva los macarrones en abundante agua salada según las instrucciones del fabricante hasta que estén al dente. Escúrralos en un colador.

2 Mientras tanto lave la berenjena, córtela en rodajas de 1 cm de ancho y luego a dados. Caliente el aceite en una cacerola y dore la berenjena sin dejarla de remover. Sazónela con sal y pimienta.

3 Pele los dientes de ajo. Corte el chile por la mitad a lo largo, elimine las semillas y lávelo. Pique ambos finamente. Mézclelos con los tomates y los dados de berenjena dorados y caliente la salsa a fuego vivo.

4 Incorpore los macarrones escurridos y la albahaca cortada a tiras a la salsa de berenjena. Espolvoree el conjunto con el parmesano y, si lo desea, decore con hojas de albahaca.

Espaguetis
al ajoaceite

Deliciosamente aromáticos y con un toque picante: ajo, chile, perejil y aceite de oliva constituyen un cuarteto perfecto para acompañar cualquier tipo de pasta.

Ingredientes

500 g de **espaguetis**

sal

½ manojo de **perejil**

3 **dientes de ajo**

1 **chile** rojo

75 ml de **aceite de oliva**

pimienta recién molida

Tiempo de preparación:
▸▸ **20 minutos**

Preparación
PARA 4 PERSONAS

1 Hierva los espaguetis en abundante agua salada según las instrucciones del fabricante hasta que estén al dente. Escúrralos en un colador.

2 Mientras tanto, lave y escurra el perejil. Separe las hojas de los tallos y córtelas a tiras.

3 Pele los dientes de ajo y córtelos a rodajas muy finas. Corte los chiles por la mitad a lo largo, elimine las semillas, lávelos y córtelos a tiras muy finas.

4 Caliente el aceite. Dore brevemente el ajo, el chile y el perejil y mézclelos con los espaguetis escurridos. Antes de servir, rectifique la condimentación con sal y pimienta.

Si no le agrada la salsa tan picante, corte el chile por la mitad a lo largo, fríalo 2 minutos en aceite de oliva y retírelo antes de freír los restantes ingredientes.

Risotto de calabacín
y jamón

Cremosamente suave y con un toque picante: este *risotto*
de jamón no sólo deleitará a los amigos de la cocina italiana.

Ingredientes

350 g de **arroz** bomba o para

risotto (arborio, carnaroli)

1 **cebolla**

4 cucharadas de **mantequilla**

⅛ de l de **vino** blanco

1 l de **caldo de carne**

2 **calabacines**

4 **cebollas** tiernas

3 cucharadas de **aceite de oliva**

80 g de **queso parmesano**

recién rallado

150 g de **jamón serrano**

sal · **pimienta** recién molida

1 manojo de **albahaca**

50 g de **queso parmesano**

(en trozo)

Tiempo de preparación:
➙ **35 minutos**

Preparación
PARA 4 PERSONAS

1 Lave el arroz en un colador bajo el agua corriente y déjelo
escurrir.

2 Pele la cebolla y píquela finamente. Derrita la mitad de la
mantequilla y sofría la cebolla hasta que esté transparente. Añada
el arroz y sofríalo también hasta que esté transparente. Vierta el
vino y añada poco a poco el caldo hirviendo de forma que el arroz
siempre esté cubierto por un dedo de líquido. Deje que el líquido
hierva y prosiga la cocción mientras remueve a menudo.

3 Prepare los calabacines, lávelos y córtelos a rodajas finas.
Lave y corte las cebollas tiernas a trozos grandes. Caliente
el aceite y sofría los calabacines y las cebollas tiernas unos
5 minutos.

4 Al cabo de unos 15 minutos de cocción, incorpore el queso
parmesano al arroz y prosiga la cocción unos 5 minutos más;
añada un poco más de caldo si es necesario. Corte el jamón
a tiras y agréguelas al arroz junto con la mantequilla restante
y la verdura. Sazone con sal y pimienta.

5 Lave la albahaca, séquela y separe las hojas de los tallos. Corte
la mitad de las hojas a tiras finas y añádalas al *risotto*.

6 Reparta el *risotto* en los platos y decórelo con las hojas de
albahaca restantes. Corte el parmesano a virutas y repártalas
sobre los platos.

Cuscús
de hortalizas multicolor

Un toque oriental: el ligero cuscús se mezcla con una selección
colorida de hortalizas para lograr un menú sencillo pero exquisito.

Ingredientes

400 g de **cuscús** · **sal**

2 **calabacines** pequeños

4 **tomates**

3 **zanahorias**

1 **berenjena** pequeña

100 g de **judías verdes**

100 g de **hojas de col blanca**

2 **dientes de ajo**

1 **chile** seco

3 cucharadas de **mantequilla**

¼ de l de **caldo vegetal**

100 g de **garbanzos** (enlatados)

sal

pimienta recién molida

1 pizca de **azafrán** molido

unas hojas de **perejil** o **cilantro**

Tiempo de preparación:
▸▸ 25 minutos

Preparación
PARA 4 PERSONAS

1 Cubra el cuscús con 400 ml de agua salada hirviendo y déjelo reposar 5 minutos. Separe los granos con un tenedor y resérvelo al calor.

2 Prepare y lave los calabacines y córtelos a tiras gruesas. Lave los tomates, córtelos por la mitad, elimine las semillas y trocéelos. Pele las zanahorias, córtelas por la mitad a lo largo y luego a dados. Lave la berenjena y córtela a dados grandes.

3 Prepare las judías, lávelas y pártalas por la mitad si son anchas. Lave la col blanca y córtela a tiras. Pele los dientes de ajo y píquelos finamente. Machaque el chile en un mortero.

4 Caliente la mantequilla en una sartén grande y sofría la zanahoria, las judías y la col unos 4 minutos. Añada el ajo y el chile y sofría el conjunto. Agregue las tiras de calabacín y los dados de berenjena y déjelo rehogar con el recipiente tapado y a fuego lento 4 minutos. Añada el caldo de verdura, los tomates y los garbanzos y prosiga la cocción unos 5 minutos más con el recipiente tapado. Sazone con la sal, la pimienta y el azafrán.

5 Coloque la mezcla de hortalizas sobre el cuscús y decórelo con las hojas de perejil o cilantro.

Tortilla
de hortalizas

Preparación
PARA 4 PERSONAS

1 Prepare los pimientos, córtelos por la mitad, quíteles las semillas y lávelos. Córtelos en dados pequeños.

2 Pele las escalonias y el ajo y córtelos a rodajas finas.

3 Derrita 2 cucharadas de mantequilla en una sartén y sofría las escalonias hasta que estén transparentes. Agregue el ajo y sofríalo unos instantes. Añada las hortalizas, sofría el conjunto unos 4 minutos y sazone con sal y pimienta. Retire del fuego y deje enfriar.

4 Mezcle los huevos y la crema de leche y sazone con sal y pimienta. Incorpore el perejil y las hortalizas y mezcle bien.

5 Derrita la mantequilla restante en la sartén y fría la mezcla de huevos y hortalizas a fuego moderado unos 4 minutos, o hasta que la tortilla esté bien dorada. Déle la vuelta con ayuda de una tapadera y fríala por el otro lado 2 o 3 minutos más.

52

Ingredientes

1 **pimiento rojo**, 1 **pimiento verde**

y 1 **pimiento amarillo**

2 **escalonias** · 1 **diente de ajo**

2 **tallos de apio**

3 cucharadas de **mantequilla**

sal · **pimienta** recién molida

6 **huevos**

3 cucharadas de **crema de leche** espesa

4 cucharadas de **perejil** finamente picado

Tiempo de preparación:
▸▸ **20 minutos**

Ingredientes

600 g de **patatas** hervidas harinosas

300 g de **espinacas** jóvenes · 2 **cebollas**

1 cucharada de **mantequilla**

1 **diente de ajo**

sal · **pimienta** recién molida

nuez moscada recién rallada

150 g de **queso emmental** rallado

mantequilla para el molde y para dorar

1 cucharadita de **tomillo** seco

300 g de **crema de leche** espesa

Tiempo de preparación:
▸▸ 30 minutos

Pastel de patatas
con espinacas y queso

Preparación
PARA 4 PERSONAS

1 Precaliente al horno a 200 °C. Corte las patatas a rodajas.

2 Prepare las espinacas, lávelas y cuézalas unos instantes a fuego vivo. Escúrralas y extiéndalas ligeramente.

3 Pele las cebollas, píquelas y sofríalas en la mantequilla. A continuación, pele el diente de ajo, páselo por el prensaajos y agréguelo a la sartén. Incorpore las espinacas y sofríalas hasta que se haya evaporado la mayor parte del líquido. Sazone con sal y pimienta y condimente con la nuez moscada.

4 Llene un molde refractario engrasado con capas alternas de patatas y de la mezcla de espinacas con queso; termine con una de patatas. Condimente con el tomillo seco, cubra con la crema de leche y espolvoree con queso rallado, esparza unos copos de mantequilla y cuézalo en el horno unos 20 minutos.

Pizza rápida
de setas e hinojo

Recién salida del horno: esta pizza de hortalizas, de preparación rápida, es un auténtico placer crujiente, aunque fría también es deliciosa.

Ingredientes

300 g de **harina**

200 g de **requesón**

2 cucharaditas de **levadura en polvo**

6 cucharadas de **leche**

5 cucharadas de **aceite**

sal

2 **tomates** grandes y carnosos

2 **bulbos de hinojo**

150 g de **champiñones**

3 cucharadas de **aceitunas** negras (deshuesadas)

2 cucharaditas de **hierbas secas**, como orégano y tomillo

80 g de **queso gouda** rallado

hojas de albahaca u orégano

Tiempo de preparación:
▸▸ **40 minutos**

54

Preparación

PARA 4 PERSONAS

1   Precaliente el horno a 200 °C. Para la masa de la pizza, amase la harina con el requesón, la levadura en polvo, la leche, 4 cucharadas de aceite y un poco de sal. Extienda la pasta con un rodillo sobre la superficie de trabajo enharinada y póngala en la placa del horno forrada con papel sulfurizado. Pinche la pasta repetidas veces con un tenedor.

2   Lave los tomates, córtelos por la mitad, quíteles las semillas y córtelos a dados. Limpie los bulbos de hinojo, córtelos a cuartos y recorte el tronco. Corte las hojas a tiras finas. Limpie los champiñones y córtelos en rodajas finas.

3   Distribuya los tomates, el hinojo, los champiñones y las aceitunas sobre la pasta de pizza; sazone, espolvoree con las hierbas y el queso rallado. Finalmente rocíelo todo con el aceite restante.

4   Hornee la pizza en el centro del horno precalentado unos 20 minutos, o hasta que esté crujiente. Córtela en porciones individuales y adórnela con hojas de albahaca u orégano.

Si no dispone de tiempo para preparar la pasta, también puede comprar pasta para pizza refrigerada. Esta pasta ya viene enrollada en papel y sólo necesita un tiempo de cocción de unos 12 minutos aproximadamente.

Pescado
y carne

Gambas
con arroz a la tailandesa

Sencillamente irresistibles: gambas frescas y apetitosas hortalizas,
ideales para todos los aficionados a los platos ligeros y a la cocina asiática.

Ingredientes

1 cebolla · 2 dientes de ajo

100 g de coliflor

100 g de brécoles

100 g de col blanca

2 tallos de apio

50 g de tirabeques

50 g de brotes de soja

8 cucharadas de aceite

sal · pimienta recién molida

pimienta de Cayena

1–2 cucharadas de salsa de soja

300 g de arroz hervido

de grano largo

⅛ de l de fumet o caldo de pescado

8 gambas (sin pelar)

zumo de 1 lima

Tiempo de preparación:
▸▸ 30 minutos

Preparación
PARA 4 PERSONAS

1 Pele la cebolla y el ajo y píquelos finamente. Prepare y lave las hortalizas, corte la colifor y el brécol en ramitos, corte la col blanca a tiras finas y los tallos de apio a rodajas. Recorte los extremos de los tirabeques, lave los brotes de soja y déjelos escurrir.

2 Caliente 5 cucharadas de aceite en una sartén y sofría primero la cebolla y el ajo hasta que estén transparentes. Incorpore poco a poco las hortalizas preparadas y sofríalas de 6 a 8 minutos, sin dejar de remover, o hasta que estén al dente.

3 Condimente las hortalizas con sal o pimienta, pimienta de Cayena y la salsa de soja y mézclelas con el arroz. Vierta el fumet de pescado, mezcle a fondo y caliente todo brevemente.

4 Caliente el aceite restante en otra sartén y fría las gambas por ambos lados. Condiméntelas con el zumo de lima. Adorne el arroz a discreción con cilantro y semillas de sésamo, y distribuya encima las gambas.

Este plato también se puede preparar muy bien en un wok. Esta sartén de hierro, de forma redonda y paredes altas, se emplea en la cocina asiática, en especial para los salteados.

Filete de salmón
en salsa de wasabi

¿Le apetece algo exótico? El raiforte picante verde japonés
y los cítricos confieren a este plato de pescado una nota muy especial.

Ingredientes

4 **cebollas tiernas**

2 **dientes de ajo**

1 manojo de **cilantro**

600 g de **filete de salmón**

despellejado

3 cucharadas de **aceite**

sal · pimienta recién molida

4 cucharadas de **crema de leche**

6 cucharadas de **zumo de naranja**

2 cucharadas de **zumo de lima**

1-2 cucharaditas de **wasabi**

(raiforte verde japonés)

Tiempo de preparación:
▸▸ **25 minutos**

60

Preparación
PARA 4 PERSONAS

1 Prepare las cebollas tiernas, lávelas y córtelas a rodajas finas. Pele y pique el ajo. Lave el cilantro, séquelo y separe las hojas de los tallos. Guarde unas hojas para la guarnición y pique el resto.

2 Corte el salmón en 8 trozos. Caliente el aceite en una sartén grande, a fuego moderado, y fría el salmón por ambos lados unos 6 minutos; sazone con sal y pimienta.

3 Mezcle la crema de leche con una cucharada de zumo de naranja y sazone con sal y pimienta.

4 Incorpore el ajo y la cebolla al pescado y sofría el conjunto 1 minuto aproximadamente. Vierta por encima el zumo de lima, el resto del zumo de naranja y 100 ml de agua. Deje que dé un hervor e incorpore la crema sin dejar de remover.

5 Agregue el wasabi a la salsa sin dejar de remover. Incorpore el cilantro finamente picado y añada sal y pimienta a la salsa. Sirva los filetes de salmón con la salsa de wasabi y adórnelos al gusto con rodajas de naranja o de lima.

El wasabi se puede adquirir en forma de pasta o polvo en comercios especializados en productos asiáticos. El polvo se ha de mezclar con agua antes de usarse. Puede sustituir el wasabi por rábano picante conservado en frasco de vidrio.

Ragú de pescado
con espárragos

Preparación
PARA 2 PERSONAS

1 Pele y pique la cebolla y el diente de ajo. Lave y escurra la albahaca y separe las hojas. Condimente el pescado con unas gotas de zumo de limón, sazone con sal y pimienta y córtelo a trozos.

2 Caliente el aceite y sofría las cebollas y el ajo. Vierta el vino blanco y el caldo y llévelo a ebullición unos instantes. Corte los espárragos a trozos de 4 a 5 cm de largo e incorpórelos también. Tape el recipiente y prosiga la cocción a fuego lento unos 6 minutos.

3 Mientras tanto, escalde y pele los tomates, quíteles las semillas y córtelos a tiras finas.

4 Incorpore los trozos de pescado a los espárragos y prosiga la cocción a fuego vivo unos 5 minutos. Mezcle en un cuenco la harina, la crema de leche y el raiforte hasta tener una masa homogénea e incorpórela a la salsa. Añada los guisantes y dé un hervor otros 2 minutos. Agregue el tomate y el zumo de limón restante. Sirva el ragú con la albahaca. Acompáñelo con arroz blanco.

62

Ingredientes

1 **cebolla** · 1 **diente de ajo** · varios tallos de

albahaca · 300 g de **filete de pescado**

2 cucharadas de **zumo de limón** · **sal**

pimienta · 1 cucharada de **aceite de oliva**

⅛ de l de **vino blanco** · 50 ml de **caldo vegetal**

250 g de **espárragos** · 1 **tomate**

50 g de **crema de leche**

1 cucharadita de **harina** y 1 de **raiforte**

100 g de **guisantes**

Tiempo de preparación:
▸▸ **25 minutos**

Ingredientes

1 **cebolla** · 2 dientes de **ajo**

1 **limón** · 1 cucharada de **aceite de oliva**

300 g de **arroz** de cocción rápida

100 ml de **vino blanco** y de **caldo vegetal**

1 lata de **tomates** picados (400 g)

2 cucharadas de **hierbas provenzales**

sal · **pimienta** recién molida

4 **filetes de pescado** blanco (600 g)

4 cucharadas de **mantequilla**

Tiempo de preparación:
▸▸ **30 minutos**

Filetes de pescado
con arroz y tomates

Preparación
PARA 4 PERSONAS

1 Precaliente el horno a 200 °C. Pele la cebolla y los dientes de ajo y corte un diente a rodajas finas. Lave el limón con agua caliente, séquelo y corte la cáscara a tiras finas. Exprima el zumo.

2 Pique la cebolla y el otro diente de ajo. Caliente el aceite, sofría la cebolla y el ajo hasta que estén transparentes. Incorpore el arroz y sofría el conjunto brevemente sin dejar de remover.

3 Vierta el vino blanco y el caldo y deje que den un breve hervor. Añada los tomates, las hierbas, sal y pimienta.

4 Añada sal y pimienta a los filetes de pescado. Extienda el arroz en el fondo de una fuente refractaria, cúbralo con los filetes de pescado y rocíelos con el zumo de limón. Cúezalo en el centro del horno unos 17 minutos. Fría las tiras de cáscara de limón y el ajo cortado a rodajas en la mantequilla y viértalos sobre el pescado antes de servirlo.

Solomillo de ternera
con salsa de tomate

Cumplidos garantizados: no sólo sus invitados disfrutarán de este noble plato de carne acompañada de una salsa picante.

Ingredientes

800 g de **solomillo de ternera**

sal · pimienta recién molida

1 cucharada de **manteca**

1 **cabeza de ajos**

1 **escalonia** · 3 cucharadas de

aceite de oliva

1 cucharada de **tomate**

concentrado

1 lata pequeña de **tomates**

pelados (peso escurrido 240 g)

1 pizca de **azúcar**

1 chorrito de **salsa tabasco**

Tiempo de preparación:
▸▸ **40 minutos**

Preparación
PARA 4 PERSONAS

1 Precaliente el horno a 200 °C. Sazone el solomillo de ternera con sal y pimienta. Caliente la manteca en una sartén y dore la carne por ambos lados a fuego vivo.

2 Ponga la carne en una fuente refractaria. Separe los dientes de la cabeza de ajo, guarde uno y coloque los restantes, sin pelar, sobre la carne. Cuézala en el centro del horno precalentado unos 25 minutos. Apague el horno, ábralo y deje reposar la carne dentro unos instantes.

3 Mientras tanto, pele y pique los escalonias para la salsa de tomate. Caliente el aceite y sofría las escalonias hasta que estén transparentes. Pele el diente de ajo separado, incorpórelo a la sartén y rehóguelo. Agregue el tomate concentrado y los tomates con su agua. Desmenuce los tomates, añádales sal y pimienta y condiméntelos con la tabasco y una pizca de azúcar. Deje cocer la salsa a fuego lento unos 10 minutos.

4 Corte el solomillo a lonchas y adórnelo con los dientes de ajo y la salsa de tomate. Acompáñelo con rodajas de limón y algunas hojas de lechuga.

Si el solomillo no se ajusta a su presupuesto, puede utilizar la misma salsa de tomate con bistés de cerdo o ternera. En estos casos, omita el horneado.

64

Rollitos de pavo
con salsa de coco

Un **plato** muy exclusivo en un tiempo récord: la sabrosa pechuga de pavo frita
acompañada de una salsa de coco cremosa ofrece una **delicia** fuera de lo común.

Ingredientes

sal · 10 g de **jengibre**

1 **diente de ajo** · 1 **pimiento rojo**

2 tazas de **arroz silvestre**

(unos 200 g)

400 g de **pechuga de pavo**

pimienta recién molida

1 cucharada de **sambal**

oelek (pasta de guindillas)

1 cucharada de **aceite**

1 cucharadita de **hierba limonera**

picada

250 g de **leche de coco** (enlatada)

1 ½ cucharadas de **crema**

acidificada

1 cucharada de **zumo de lima** y

varias **rodajas de lima**

Tiempo de preparación:
➤ **30 minutos**

Preparación

PARA 4 PERSONAS

1 Lleve a ebullición 4 tazas de agua salada en una cacerola. Pele y pique el jengibre y el ajo. Corte el pimiento por la mitad, quítele las semillas y córtelo a tiras finas.

2 Agregue el arroz silvestre al agua hirviendo, tape el recipiente y déjelo cocer unos 20 minutos a fuego lento hasta que el arroz esté al dente.

3 Mientras tanto, corte la carne de pavo en 8 filetes finos y aplánelos. Sazónelos con sal y pimienta y úntelos con el sambal oelek.

4 Enrolle los bistés, sujételos con palillos de madera y dórelos en aceite bien caliente. Añádales el ajo, el jengibre, el pimiento y la hierba limonera, y saltee el conjunto.

5 Incorpore la leche de coco y a continuación la crema acidificada. Deje cocer la carne suavemente unos 10 minutos, sin tapar, y girándola a menudo.

6 Añada sal y pimienta a la salsa de coco e incorpórele el zumo de lima. Retire los palillos de los rollitos de carne, córtelos a rodajas gruesas, acompáñelos con el arroz y la salsa de coco, y adorne con las rodajas de lima.

Pavo en salsa crema
al pimentón

Preparación
PARA 4 PERSONAS

1 Pele la cebolla y córtela a dados pequeños. Pele el ajo y píquelo finamente.

2 Corte la carne de pavo a tiras finas y sazónelas con sal y pimienta. Caliente la manteca, fría la carne y resérvela al calor.

3 Sofría en la misma grasa las cebollas y el ajo hasta que estén transparentes, espolvoréelos con el pimentón y la harina y sofríalos unos instantes. Cúbralos con el caldo

y lleve éste a ebullición. Incorpore la crema de leche, mezcle bien y deje que hierva el conjunto a fuego vivo hasta que la salsa se espese.

4 Lave y seque el perejil y separe las hojas de los tallos. Incorpore las tiras de pavo a la salsa y caliéntelas brevemente. Espolvoree el conjunto con el perejil, y acompáñelo con pasta, arroz o patatas fritas, según su gusto.

68

Ingredientes

2 **cebollas** · 2 **dientes de ajo**

600 g de **pechuga de pavo**

sal · **pimienta** recién molida

30 g de **manteca**

1-2 cucharadas de **pimentón dulce**

1 cucharada de **harina**

⅛ de l de **caldo de pollo**

250 g de **crema de leche**

algunos **tallos de perejil**

Tiempo de preparación:
▸▸ **20 minutos**

Ingredientes

1 **cebolla** · 1 **diente de ajo**

600 g de **pechuga de pavo**

sal · **pimienta** recién molida

3 cucharadas de **aceite** · ½ **mango**

1 cucharada de **curry en polvo**

½ cucharadita de **cúrcuma**

½ cucharadita de **jengibre** recién rallado

⅛ de l de **caldo de pollo**

125 g de **crema de leche**

2 rodajas de **piña** · 1 cucharada de **perejil**

Tiempo de preparación:
➡ **25 minutos**

Curry de pavo
con piña y jengibre

Preparación
PARA 4 PERSONAS

1 Pele la cebolla y el ajo. Corte la cebolla a dados finos y pique el ajo finamente.

2 Corte la carne de pavo a tiras finas y sazone con sal y pimienta. Caliente el aceite, fría la carne y resérvela al calor. Sofría la cebolla y el ajo en el mismo aceite hasta que estén transparentes. Corte la carne del mango a dados y mézclelos a continuación con la cebolla y el ajo.

3 Incorpore el curry, la cúrcuma y el jengibre sin dejar de remover, así como el caldo de pollo y la crema de leche. Deje hervir la salsa unos minutos o hasta que se haya espesado.

4 Corte las rodajas de piña a tiritas. Incorpore la carne de pavo y la piña a la salsa y caliéntelos unos instantes. Espolvoree el curry de pavo con el perejil. Puede acompañarlo con pasta o arroz.

Pechuga de pato
con salsa de mango

Recién horneada: esta pechuga de pato
en salsa agridulce entusiasmará a los sibaritas más exigentes.

Ingredientes

3 filetes de **pechuga de pato**

(de 250 g)

sal · pimienta recién molida

1 cucharada de **grasa de pato**

o de **aceite**

2 **mangos** medianos

½ cucharadita de **jengibre** rallado

1 cucharadita de **curry en polvo**

pimienta de Cayena

2 cl de **oporto**

1 l de **caldo de pollo**

cáscara de naranja rallada

(sin tratar)

Tiempo de preparación:
▸▸ **35 minutos**

Preparación
PARA 4 PERSONAS

1 Precaliente el horno a 220 °C. Sazone los filetes de pechuga de pato con sal y pimienta.

2 Caliente la grasa de pato o el aceite en una sartén de fondo grueso y agregue los filetes de pechuga de pato con la parte de la piel hacia abajo. Fríalos a fuego vivo de 3 a 4 minutos, déles la vuelta, tápelos y fríalos a fuego moderado de 8 a 10 minutos.

3 Pele los mangos y deshuéselos. Corte uno de ellos a gajos y el otro a dados pequeños. Coloque los filetes de pechuga de pato en una fuente refractaria, con la parte de la piel hacia arriba, y hornéelos en el centro del horno caliente de 8 a 10 minutos o hasta que estén crujientes. Retírelos y resérvelos al calor.

4 Desgrase la salsa del asado. Fría brevemente los dados de mango en una sartén con la grasa sobrante y condiméntelos con el jengibre, el curry y la pimienta de Cayena. Vierta el oporto, el caldo y la salsa del asado y fríalos hasta que empiecen a ablandarse. Antes de retirarlos del fuego, incorpore la cáscara de naranja rallada.

5 Corte los filetes a lonchas finas diagonales e incorpore los jugos de la carne que se produzcan a la salsa de mango. Sirva la pechuga de pato con los gajos de mango encima de la salsa. Puede adornar el plato con juliana de jengibre fresco.

Pechuga de pollo
en salsa de pimientos

Un auténtico placer: los sabrosos pimientos y los mangos aromáticos
combinan extraordinariamente con la carne de pollo adobada.

Ingredientes

2 **limones** sin tratar

1 cucharada de **miel** líquida

pimienta de Cayena

2 **dientes de ajo**

4 filetes de **pechuga de pollo**

(pelados)

1 **escalonia**

2 **pimientos rojos**

1 **mango** maduro

1 cucharada de **aceite de oliva**

2 cucharadas de **cilantro** picado

sal · pimienta recién molida

Tiempo de preparación:
▸▸ 35 minutos

Preparación
PARA 4 PERSONAS

1 Precaliente el horno a 200 °C. Lave los limones con agua muy caliente y séquelos. Pele la piel a tiras finas y luego a trozos pequeños. Exprima el zumo.

2 Mezcle la mitad del zumo de limón y de los trozos de cáscara con la miel y la pimienta de Cayena. Pele los dientes de ajo y añada uno prensado a esta mezcla; separe el segundo. Adobe los filetes de pechuga de pollo en la salsa de miel y limón varios minutos.

3 Coloque los filetes de pollo adobados en una fuente refractaria y cúbralos con el resto del adobo. Dórelos en el centro del horno caliente unos 20 minutos.

4 Mientras tanto, pele la escalonia y pique el diente de ajo restante. Corte el pimiento por la mitad, quítele las semillas, lávelo y córtelo a dados pequeños. Pele el mango, deshuéselo y córtelo igualmente a dados pequeños.

5 Sofría la escalonia y el ajo en el aceite caliente. Incorpore los trozos de pimiento, el zumo y la cáscara de limón y cueza a fuego vivo unos 5 minutos. Añada el mango y el cilantro, mezcle bien y prosiga la cocción a fuego vivo de 2 a 3 minutos más. Sazone con sal y pimienta.

6 Trocee los filetes de pollo y acompáñelos con la salsa de pimientos.

Solomillo de cerdo
con hortalizas

Preparación
PARA 4 PERSONAS

1 Prepare y lave las hortalizas. Corte las cebollas tiernas, las setas, los tallos de apio y las zanahorias peladas a rodajas finas. Recorte los extremos de los tirabeques y separe los brécoles en ramitos. Pele el solomillo de cerdo y córtelo en lonchas de 1 cm de grosor.

2 Caliente el aceite en un wok o una sartén de paredes altas. Saltee las hortalizas por tandas durante unos 4 minutos, sin dejar de remover, y resérvelas en una fuente aparte.

3 A continuación, saltee las lonchas de carne, sin dejar de remover, y condiméntelas con la sal, la pimienta, la guindilla y el jengibre. Rocíelas primero con las gotas de miel, y después con la salsa de soja, el vinagre balsámico y el jerez.

4 Mezcle las hortalizas con la carne. Llévelo todo rápidamente a ebullición y espolvoree con el cilantro. Acompáñelo con arroz.

74

Ingredientes

4 **cebollas tiernas** · 150 g de **champiñones**

2 tallos de **apio** · 2 **zanahorias**

100 g de **tirabeques** · 100 g de **brécoles**

400 g de **solomillo de cerdo**

5 cucharadas de **aceite de cacahuete**

sal · **pimienta** recién molida

guindilla seca · **jengibre** recién rallado

miel líquida · **salsa de soja**

vinagre balsámico · 4 cl de **jerez** seco

Tiempo de preparación:
▸▸ 30 minutos

Ingredientes

1 **diente de ajo** · 1 tallo de **puerro**

1 **lima** (sin tratar)

1 lata de **corazones de palmitos**

(peso escurrido 220 g)

250 g de **setas de cardo** · 1 **papaya**

350 g de **bisté de ternera**

2 cucharadas de **aceite**

3 cucharadas de **jerez**

5 cucharadas de **salsa de soja** clara

pimienta recién molida

Tiempo de preparación:
▸▸ **30 minutos**

Ternera salteada
con setas y papaya

Preparación
PARA 4 PERSONAS

1 Pele el ajo. Prepare y lave el puerro y córtelo en tiras a lo largo de unos 5 cm de longitud. Lave la lima con agua caliente, séquela y córtela a gajos. Lave los corazones de palmitos en un escurridor bajo el chorro del agua fría y córtelos a rodajas finas.

2 Limpie las setas y córtelas a rodajas. Corte la papaya por la mitad, quítele las semillas y córtela a trozos no demasiado pequeños. Corte la carne de ternera a tiras finas.

3 Caliente el aceite en una sartén a fuego vivo y saltee la carne un minuto escaso. Incorpórele las setas y saltéelas sin dejar de remover. Añada el ajo picado y el puerro y saltee el conjunto unos 5 minutos a fuego moderado sin dejar de remover.

4 Agregue el jerez y la salsa de soja y condimente con la pimienta. Incorpore los palmitos y la papaya y caliéntelos a fuego moderado. Adorne con los gajos de lima y sirva.

Escalopes de ternera
con salsa de limón

Ligeros y apetitosos como en un restaurante italiano: los tiernos escalopes aderezados con romero y limón evocan los sabores mediterráneos.

Ingredientes

2 escalopes finos de **ternera**

(de 100 g)

1 **limón** sin tratar

5 **dientes de ajo**

1 cucharada de **aceite de oliva**

1 ramita de **romero**

sal · pimienta recién rallada

2 cucharadas de **queso**

parmesano rallado

Tiempo de preparación:
▸▸ **20 minutos**

Preparación
PARA 2 PERSONAS

1 Seque los escalopes con papel de cocina, aplánelos y córtelos por la mitad.

2 Lave el limón con agua caliente, séquelo y córtelo por la mitad. Exprima el zumo de una mitad y corte la otra a rodajas.

3 Precaliente el grill o la parrilla del horno. Pele un diente de ajo y píquelo groseramente, guarde los restantes enteros y sin pelar. Caliente el aceite en una sartén y sofría el ajo picado hasta que esté transparente.

4 Separe el ajo a un lado de la sartén y dore los escalopes unos 2 minutos por lado.

5 Lave el romero, séquelo, desmenúcelo y póngalo en una fuente refractaria con los dientes de ajo y las rodajas de limón. A continuación agregue los escalopes, rocíelos con el zumo de limón, sazone con sal y pimienta y espolvoree con el queso parmesano. Áselos unos 5 minutos o hasta que estén dorados y crujientes. Sírvalos acompañados de una ensalada y pan blanco.

Este plato también se puede preparar con pechuga de pollo o de pavo. Para ello es recomendable comprar la pechuga entera y cortar los escalopes transversalmente a la fibra, en lonchas de 1 cm de grosor.

Postres

Melocotones macerados
con crema de lima

Rápido de preparar y muy refinado: con esta delicada
crema de lima, los melocotones maduros muestran todo su aroma.

Ingredientes

2 ramitas de **menta**

8 g de **jengibre**

4 **melocotones**

150 ml de **vino de arroz japonés**

3 **vainas de cardamomo**

40 g de **azúcar moreno**

4 cucharadas de **zumo de lima**

2 cucharadas de **azúcar**

4 **yemas de huevo**

½ cucharada de **maicena**

1 cucharada de **aceite**

Tiempo de preparación:
▸▸ 30 minutos

Preparación
PARA 4 PERSONAS

1 Lave y escurra la menta, y separe las hojas de los tallos. Pele el jengibre y córtelo a rodajas finas o rállelo.

2 Entalle la piel de los melocotones en forma de cruz, escáldelos con agua hirviendo y después enjuáguelos con agua bien fría. Pélelos, córtelos por la mitad, deshuéselos y córtelos a gajos.

3 Mezcle el vino de arroz con 150 ml de agua, 2 vainas de cardamomo, el jengibre y el azúcar moreno. Hierva la mezcla a fuego vivo unos 7 minutos o hasta que se haya reducido a la mitad.

4 Condimente este líquido con unas 2 cucharadas de zumo de lima y moje con él los melocotones. Agregue la mitad de las hojas de menta y déjelo enfriar.

5 Mientras, caliente 6 cucharadas de agua con el azúcar hasta que se haya disuelto. Mezcle este almíbar con las yemas de huevo y bata hasta que la mezcla esté espumosa. Deslíe la maicena en 3 cucharadas de agua fría hasta obtener una mezcla homogénea, agréguele la cucharada de aceite y mezcle bien.

6 Bata la mezcla de maicena y yemas al baño María sin dejar de remover, hasta que esté cremosa. Agréguele el cardamomo restante y las 2 cucharadas de zumo de lima. Sirva los melocotones macerados con esta crema y adórnelos con las hojas de menta.

Compota
de fresas y melocotón

Deliciosamente **afrutada** y refrescante: esta compota no sólo es rápida de preparar sino que ofrece además un auténtico **deleite** a la vista.

Ingredientes

150 ml de **vino blanco dulce**

50 g de **azúcar**

1 sobre de **vainillina** azucarada

3 **melocotones** maduros

3 **nectarinas** maduras

500 g de **fresones**

2 **ramas de canela**

3 cucharadas de **nueces** picadas

Tiempo de preparación:
▸▸ 15 minutos

Preparación
PARA 4 PERSONAS

1 Hierva el vino con el azúcar, la vainillina azucarada y 450 ml de agua durante unos instantes; retire el cazo del fuego y tápelo.

2 Lave, corte por la mitad y deshuese los melocotones y las nectarinas. Corte la pulpa a gajos o trozos pequeños.

3 Prepare y lave los fresones y, de acuerdo con su tamaño, córtelos por la mitad o cuartéelos.

4 Incorpore los melocotones, las nectarinas y las fresas al almíbar y déjelos macerar. Cuando la compota esté fría, viértala en una fuente.

5 Corte la canela en rama en trozos más pequeños. Adorne la compota con las nueces picadas y los trozos de canela y sírvala.

Esta compota tiene un sabor a canela más intenso cuando la canela en rama no se emplea sólo como adorno, sino que se cuece con el vino.

Compota de peras
con piñones

Una compota seductora: las peras dulces y jugosas hervidas en vino blanco no sólo son ideales para acompañar cremas y helados; solas también son una gozada.

Ingredientes

800 g de **peras** maduras

zumo de ½ **limón**

½ l de **vino blanco** semiseco

100 g de **azúcar**

1 **vaina de vainilla**

cáscara rallada de 1 **limón** no

tratado químicamente

4 cl de **aguardiente de pera**

3 cucharadas de **piñones**

Tiempo de preparación:
➠ **25 minutos**

Preparación
PARA 4 PERSONAS

1 Pele las peras, córtelas por la mitad y descorazónelas. Córtelas a gajos alargados y rocíelas con zumo de limón.

2 Hierva el vino, el azúcar, la vaina de vainilla cortada por la mitad a lo largo así como la cáscara de limón en una cacerola lo suficientemente amplia para que puedan caber todas las frutas. Déjelas cocer suavemente varios minutos. A continuación, incorpore las peras, tape el recipiente y escálfelas a fuego lento de 3 a 5 minutos.

3 Saque las peras con una espumadera y deje reducir el líquido hasta que tenga una consistencia almibarada. Agregue el licor de pera y vierta este almíbar sobre las peras. Resérvelas en un lugar fresco.

4 Adorne la compota con los piñones previamente dorados en una sartén sin aceite.

Las peras tienen que ser maduras, pero no blandas. Una variante muy deliciosa se prepara con vino tinto: cueza las peras en vino tinto con azúcar, una vaina de vainilla y un trocito de canela en rama.

Sorbete de cítricos
al campari

Preparación

1 Hierva el azúcar mezclado con 5 cucharadas de agua a fuego vivo hasta que presente una consistencia almibarada.

2 Mezcle los zumos de naranja y pomelo, tamícelos y mézclelos con el almíbar.

3 Bata la clara de huevo a punto de nieve. Mezcle el almíbar y el zumo con el vino y el campari y, a continuación, con mucho cuidado, con la clara de huevo batida.

4 Pase esta mezcla por la sorbetera o guárdela en el congelador de 15 a 20 minutos; remuévala ocasionalmente.

5 Caliente la confitura de limón en un cazo pequeño y espárzala sobre 4 platos de postre. Deje que el sorbete se ablande un poco y con ayuda de una cuchara grande deposítelo sobre la base de confitura de limón. Adórnelo con hojas de menta o tiritas de cáscara de limón.

86

Ingredientes

150 g de **azúcar**

⅛ de l de **zumo de naranja**

⅛ de l de **zumo de pomelo**

1 **clara de huevo**

100 ml de **vino blanco** seco

10 cl de **campari**

4 cucharadas de **confitura de limón**

Tiempo de preparación:
▸▸ 30 minutos

Ingredientes

2 cucharadas de **azúcar**

¼ de l de **jarabe de maracuyá**

4 cucharadas de **licor de maracuyá**

125 g de **leche de coco** (enlatada)

1 **clara de huevo**

Tiempo de preparación:
➤➤ **30 minutos**

Sorbete de maracuyá
con leche de coco

Preparación
PARA 4 PERSONAS

1 Hierva el azúcar con 2 cucharadas de agua a fuego vivo. Mientras tanto, mezcle el jarabe de maracuyá con el licor, la leche de coco y la preparación anterior. Bata la clara de huevo pero sin que alcance el punto de nieve, e incorpórela a la mezcla anterior.

2 Pase la mezcla por la sorbetera o guárdela en el congelador durante 20 minutos; remuévala ocasionalmente.

3 Antes de servir, espere a que el sorbete se descongele ligeramente. A continuación, forme bolas con el sorbete que deberá servir en platos individuales y adórnelas según su propio gusto con coco rallado. El sorbete, aunque llegue a perder un poco de cremosidad, se puede guardar en el congelador durante una semana como mínimo. En este caso será necesario volver a removerlo brevemente con un batidora eléctrica.

Ensalada de bayas
con crema de mascarpone

Una delicia celestial: un cuarteto de bayas frescas sobre
una suave nube de crema de mascarpone y licor de naranja.

Ingredientes

250 g de **fresones**

250 g de **frambuesas**

150 g de **zarzamoras** y **grosellas**

2 cucharadas de **gelatina de**

grosellas

4 cucharadas de **licor de casis**

250 g de **queso mascarpone**

2 cucharadas de

vainillina azucarada

cáscara y **zumo de 1 naranja** no

tratada químicamente

2 cucharadas de **licor de naranja**

2 cucharadas de **crema de leche**

ligeramente batida

azúcar lustre

pistachos picados

Tiempo de preparación:
➤ 30 minutos

Preparación

PARA 4 PERSONAS

1 Prepare y lave los fresones, y corte los frutos grandes por
la mitad. Prepare las frambuesas y las zarzamoras y lávelas.
Deje escurrir todas las bayas en un colador y después mézclelas
en una fuente.

2 Prepare las grosellas, lávelas, mézclelas con la gelatina y
redúzcalas a puré con una batidora. Tamice la preparación
y mézclela con el licor de casis.

3 Mezcle el puré de fruta con los fresones, las frambuesas y las
zarzamoras y guárdelo en la nevera.

4 Mientras, para preparar la crema mezcle el mascarpone con la
vainilla azucarada, el zumo, el licor y la cáscara de naranja rallada.

5 Reparta la crema de mascarpone en 4 copas y cúbrala con la
ensalada de bayas. Decore con la crema semibatida y espolvoree
con el azúcar lustre y los pistachos picados.

**Esta combinación de bayas también puede
acompañarse de helados de vainilla,
crema batida o una crema inglesa. Es
aconsejable elegir las bayas de acuerdo
con la estación y el gusto personal.**

Ensalada asiática de frutas
con hojas de almendro

Para cuando desee preparar algo realmente extraordinario: los frutos exóticos
y el vino de arroz transforman cualquier ensalada de frutas en un placer extravagante.

Ingredientes

2 cucharaditas de **té de jazmín**

3 cucharadas de **miel** líquida

4 cucharadas de

vino de arroz japonés

4 **kiwis**

3 **carambolas**

1 **pomelo** rosado

2 cucharadas de **hojas de**

almendro

Tiempo de preparación:
▸▸ **20 minutos**

Preparación
PARA 4 PERSONAS

1 Hierva en un cazo 200 ml de agua, incorpore el té de jazmín,
la miel y el vino de arroz y déjelo cocer a fuego lento
2 minutos; retire el cazo del fuego y deje enfriar su contenido.

2 Pele los kiwis y córtelos a rodajas. Lave las carambolas, séquelas
y córtelas a rodajas.

3 Pele el pomelo y elimine también la membrana blanca. Con un
cuchillo afilado, recorte la piel situada entre los gajos para
separarlos. Guarde el zumo que pueda desprenderse. Exprima
el resto del pomelo después de filetearlo.

4 Mezcle la fruta preparada con el zumo de pomelo, filtre la mezcla
de té y viértalo sobre la fruta. Déjelo reposar unos instantes.

5 Tueste las hojas de almendro en una sartén sin grasa. Sirva la
ensalada en cuencos individuales y adórnela con las hojas de
almendro tostadas.

Las carambolas, debido a su
configuración, son especialmente
apropiadas como guarnición. Su sabor
recuerda al del membrillo y a la uva
espina.

Tortitas de bizcocho
con crema de naranja

Un postre que siempre se puede repetir: estas ligerísimas tortitas
de bizcocho rellenas de fruta culminan con éxito cualquier menú.

Ingredientes

Para las tortitas de bizcocho:

2 **claras de huevo**

1 cucharadita de **zumo de limón**

1 **yema de huevo**

cáscara rallada de 1 **limón**

no tratado

1 cucharadita de

vainilla azucarada

3 cucharadas de **azúcar**

2 cucharadas de **harina**

Para el relleno:

75 g de **crema de leche** espesa

2 cucharadas de **azúcar lustre**

2 cucharadas de **confitura de**

naranja · 1 naranja

1 cucharada de **licor de naranja**

Tiempo de preparación:
▸▸ 30 minutos

Preparación
PARA 2 PERSONAS

1 Precaliente el horno a 200 °C. Forre una placa de hornear con
papel sulfurizado; dibuje sobre el papel 2 círculos de unos 15 cm
de diámetro.

2 Bata las claras de huevo y el zumo de limón a punto de nieve. Bata
la yema con la cáscara de limón, la vainillina azucarada y el azúcar
hasta que la mezcla esté espumosa.

3 Cierna la harina sobre la mezcla de yema de huevo y mezcle con
cuidado. Agregue las claras batidas e incorpórelas igualmente con
mucha suavidad, sin remover. Distribuya la mezcla de bizcocho
sobre los 2 círculos y cuézalos en el centro del horno
precalentado unos 6 minutos o hasta que los bizcochos estén
dorados.

4 Bata la crema de leche y endúlcela con el azúcar lustre. Mezcle la
confitura de naranja con la crema batida. Pele la naranja y elimine
las membranas blancas. Separe los gajos y rocíelos con el licor de
naranja.

5 Espere a que las tortitas de bizcocho se enfríen, cúbralas
con la crema y los gajos de naranja. Dóblelas con cuidado
y espolvoréelas con el azúcar lustre restante.

Los aficionados a las bayas pueden variar este
postre de acuerdo con la estación: en primavera
se ofrecen deliciosas fresas; en verano,
frambuesas, y en otoño se puede preparar
un rico relleno de arándanos azucarados.

Paquetes de pasta filo
rellenos de queso y albahaca

Una buena sorpresa: el queso aromático envuelto en la pasta filo
crujiente se acompaña de una sabrosa salsa de frambuesas.

Ingredientes

4 láminas grandes de **pasta filo**

125 g de **mantequilla** derretida

3 porciones individuales de **queso**

camembert (de 80 g)

4 ramitas de **albahaca**

250 g de **frambuesas**

3 cucharadas de **vinagre**

balsámico

sal · **pimienta** recién molida

Tiempo de preparación:
▸▸ **30 minutos**

Preparación
PARA 4 PERSONAS

1 Precaliente el horno a 180 °C. Extienda las láminas de pasta filo sobre la superficie de trabajo, corte 3 de ellas a cuartos y pincélelas con un poco de mantequilla. Corte la cuarta en 12 tiras finas.

2 Corte los quesitos de camembert a cuartos. Lave la albahaca, escúrrala y separe las hojas de los tallos. Cubra los cuartos de lámina de pasta filo con hojas de albahaca y un cuarto de queso, dóblelos formando un paquete pequeño y átelos con una tira de pasta. Pincélelos con la mantequilla restante.

3 Coloque los paquetes sobre una placa de hornear y dórelas en el centro del horno precalentado unos 20 minutos.

4 Lave y escurra las frambuesas. Separe algunas bonitas para la guarnición y cueza el resto con el vinagre balsámico a fuego lento durante unos 5 minutos. Tamice la preparación y añádale sal y pimienta.

5 Ponga 3 paquetes en cada uno de los platos, sobre los que habrá colocado previamente la salsa de frambuesa. Adorne con las frambuesas reservadas.

¿Qué tal un relleno dulce? Mezcle 50 g de almendras y nueces picadas con una cucharada de pistachos picados, 3 cucharadas de miel y con una cucharadita de vainillina azucarada. Rellene los paquetes con esta mezcla y hornéelos como se ha descrito anteriormente.

Índice de recetas

Compota de fresas y melocotón	82
Compota de peras con piñones	84
Curry de pavo con piña y jengibre	69
Cuscús de hortalizas multicolor	50
Ensalada asiática de frutas con hojas de almendro	90
Ensalada de aguacate y tomate	17
Ensalada de bayas con crema de mascarpone	88
Ensalada de hierbas silvestres con fresas	18
Ensalada de invierno con naranjas y dátiles	12
Ensalada variada con gambas	14
Escalopes de ternera con salsa de limón	76
Espaguetis al ajoaceite	46
Espaguetis con salsa de pimientos	42
Fettucine con almejas	40
Filete de salmón en salsa de wasabi	60
Filetes de pescado con arroz y tomates	63
Gambas con arroz a la tailandesa	58
Hamburguesa con tomate y roqueta	22
Linguine con crema de brécoles y pistachos	38
Macarrones con berenjena	45

Melocotones macerados con crema de lima	80
Minestrone con arroz y parmesano	30
Orecchiette con roqueta y queso	44
Panzanella a la albahaca	16
Paquetes de pasta filo rellenos de queso y albahaca	94
Pasta a las hierbas con ajo	36
Pastel de patatas con espinacas y queso	53
Pavo en salsa crema al pimentón	68
Pechuga de pato con salsa de mango	70
Pechuga de pollo en salsa de pimientos	72
Pizza rápida de setas e hinojo	54
Puré de verduras a las hierbas	32
Ragú de pescado con espárragos	62
Risotto de calabacín y jamón	48
Rollitos de pavo con salsa de coco	66
Sándwich de atún, alcaparras y tomate	26
Sándwich de pollo y tocino	27
Solomillo de cerdo con hortalizas	74
Solomillo de ternera con salsa de tomate	64
Sopa de guacamole con pollo	31
Sopa de hortalizas oriental con fideos al huevo	28
Sorbete de cítricos al campari	86
Sorbete de maracuyá con leche de coco	87
Tacos de tortilla rellenos de setas y roqueta	24
Tallarines con salmón ahumado	41
Ternera salteada con setas y papaya	75
Tortilla de hortalizas	52
Tortillas de espinacas y tocino	21
Tortillas de queso y aceitunas	20
Tortitas de bizcocho con crema de naranja	92

BLUME

Título original:
Schnelle Küche

Traducción:
Ursel Fischer
Maite Rodríguez Fischer

Revisión de la edición en lengua española:
Ana María Pérez Martínez
Especialista en temas culinarios

Coordinación de la edición en lengua española:
Cristina Rodríguez Fischer

Primera edición en lengua española 2002
Reimpresión 2003, 2004

© 2002 Naturart, S.A. Editado por BLUME
Av. Mare de Déu de Lorda, 20
08034 Barcelona
Tel. 93 205 40 00   Fax 93 205 14 41
E-mail: info@blume.net
© 2001 Verlag Zabert Sandmann GmbH, Múnich

ISBN: 84-8076-455-4
Depósito legal: B. 12.314-2004
Impreso en Egedsa, S.A., Sabadell (Barcelona)

Créditos fotográficos

Sobrecubierta: StockFood/Susie Eising (portada y contraportada, izquierda); StockFood/
S.& P. Eising (contraportada, centro); Walter Cimbal (contraportada, derecha)

Walter Cimbal: 7 sd, 9 (siz, iiz), 30, 61, 62, 63, 66, 75, 81; StockFood/Uwe Bender: 49;
StockFood/Jean Cazals: 31, 52, 83; StockFood/Brett Danton: 65; StockFood/Susie Eising;
2-3, 8, 9 dc, 10-11, 13, 15, 16, 17, 19, 20, 21, 23, 25, 27, 29, 33, 37, 41, 44, 45, 59, 68, 69, 74, 85, 86, 87,
89, 93; StockFood/S. & P. Eising: 6 d, 7 (3 de siz), 34-35, 39, 43, 47, 51, 55, 56-57, 71, 76;
StockFood/Molly Hunter: 7 iiz, 26; StockFood/Sian Irvine: 53; StockFood/Picture Box:
7 siz; StockFood/Rosenfeld Images Ltd.: 7 (2 de siz); StockFood/Snowflake Studios Inc.: 40;
StockFood/Maximilian Stock Ltd.: 4-5, 7 id; StockFood/Studio R. Schmitz:
6 iz; StockFood/Jan-Peter Westermann: 78/79, 91; StockFood/Frank Wieder: 73